50e EXPOSITION

DES

Amis des Arts

DE

Seine-&-Oise

1903

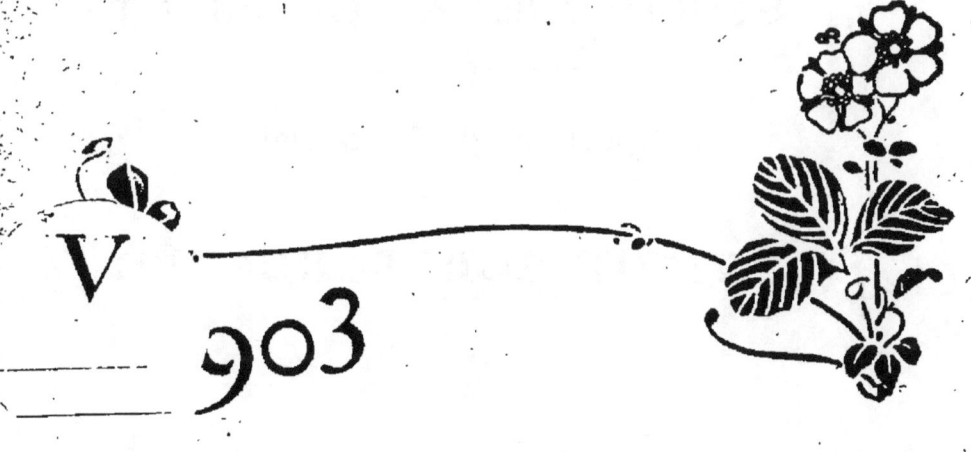

Ancienne Maison Fisanne et Blot

FONDÉE EN 1794

ED. IMBERT

SUCCESSEUR

Fournisseur des Palais de Versailles,
de Trianon & du Département

52, RUE DE LA PAROISSE, 52

Miroiterie — Dorure

ENCADREMENTS ARTISTIQUES

Dorure de Meubles

SCULPTURE & BATIMENTS

Spécialité de Restauration

DE

VIEUX BOIS SCULPTÉS

SOCIÉTÉ DES AMIS DES ARTS
DE SEINE-ET-OISE
50ᵉ EXPOSITION

DESCRIPTION

DES

ŒUVRES DE PEINTURE

SCULPTURE, ARCHITECTURE, GRAVURE
MINIATURE, DESSINS ET PASTELS

EXPOSÉES

DANS LES SALONS
DE L'HOTEL DE VILLE
DU DIMANCHE 17 MAI
AU 26 JUILLET 1903

Prix : 50 centimes

VERSAILLES
IMPRIMERIES CERF
59, RUE DUPLESSIS, 59
—
1903

Représentants de la Société.

MM. BEUGNIET, Paris, rue Laffitte, 10.
LECESNE, Étampes.
GOUX, Pontoise.

Pour les adhésions à la Société, s'adresser à :

MM. GATIN, Hôtel de Ville.
BERCY, rue Hoche, 16.

N. B. *Un livret indiquant le prix des ouvrages est déposé entre les mains du gardien de l'Exposition.*

ABRÉVIATIONS :

✻ — *Chevalier de la Légion d'honneur.*
H. C. — *Hors Concours.*
Méd. — *Médaille.*
M. H. — *Mention honorable.*
V. — *Versailles.*
P. — *Paris.*
Sre. — *Sociétaire.*
E. U. — *Exposition universelle.*

Ces titres indiquent les récompenses obtenues aux Salons de Paris et aux Expositions de Versailles.

SOCIÉTÉ DES AMIS DES ARTS DE SEINE-ET-OISE
(1903)

COMPOSITION DU BUREAU

Président.

M. BARBET, ✻, 53, avenue de Paris.

Vice-Présidents.

MM. RENAULT (Victor), ✻, rue Richaud, 30.
RENAUD (Emile), ✚, avenue de St-Cloud, 77.

Trésorier.

M. GATIN, ❀ I, rue Jacques-Boyceau, 13.

Trésorier-adjoint.

M. MARQUIS, place Hoche, 7.

Secrétaire.

M. LARRUE, ❀ A, rue Jacques-Boyceau, 11.

Secrétaires-adjoints.

M. DIDIER, ❀ A, rue Alexandre-Lange, 16.

Secrétaire général des Expositions.

M. BERCY, ❀ A, 16, rue Hoche.

Membres de la Commission d'organisation pour 1903.

MM. BARBET, ✳, *président*,
BERCY, 🍃 A, *secrétaire général*,
G. BERTRAND, 🍃 A,
MAXIME BARBIER,
DIDIER, 🍃 A,
JONETTE, ✳, 🍃 I,
LARRUE, 🍃 A,
PRODHOMME, 🍃 A,
E. RENAUD, ✠,
V. RENAULT, ✳,
G. RENAULT,
MANGEANT, 🍃 A.

LISTE DES MEMBRES

Abbey (John).
Achenbach (Gabrielle), Paris.
Adam, Plaisir.
Alègre (Maurice).
Angrand.
Arondel.
Assche (Mlle Van), Paris.
Auboin.
Audiffred (Mme), Paris.
Auger (Mme).
Avalle.
Bacheracht (Mme).
Backer (Mme Maurice), à Ville-d'Avray.
Backer (Mme), Ville-d'Avray.
Backer fils, Ville-d'Avray.
Bagot.
Baillet (Henry).
Baillet (Mme Henry).
Baillet (Albert).
Baillot (Mme).
Baillou (Ernest).
Barbet (Mme).
Barbet (Mlle M.-L.).
Barbet (Auguste).
Barbet (Mlle Z.).
Barbet (Mlle Ch.).
Barbet (Mlle C.).
Barbichon.
Barbier (Mme).
Barbier (Maxime), *président*
Barbier (Emile).
Barbier (Eugène).
Barbier (Mme Eugène).
Barbier (Henri).
Barbier (Léon).
Barbier (Mlle Marie).
Barbier-Vanblotaque.
Barbier-Vanblotaque (Mme Pauline).
Barthel.
Bastien (Mlle Marie).
Batta.
Beaucerf (Mlle Blanche).
Benoit.
Benoit (Mme).
Bercy (Louis), *secrétaire général des Expositions*.
Bergerot (Mme), Paris.
Bernard.
Bernard fils.
Bernard (Mlle Marguerite).
Berson.
Berteaux, Chatou.
Berthelemot (Henri).
Bertrand (Georges).
Besnard (Henri).
Besnard (Mme Léon).
Beugniet (Georges).
Blain des Cormiers (Mme).
Blanchard.
Blanchery.
Blanchery (Mme).
Blangeard aîné.
Blondin, St Germain.
Bogard (Mme Marthe).
Bonnet (Mme).
Boulland.
Boullin-Saint-Amand.
Boullin-Saint-Amand (Mme).
Bourdier (Alexandre).
Boy.
Boyé (Mme).
Bréchot (Dr).
Brémard (Henry).
Breteuil.

Breteuil (Mme).
Breton (Georges).
Broquet-Espérance.
Brossard (Mlle Pauline), Viroflay.
Brossier (Mme).
Brunet, Parmain.
Bucquet (Maurice), Paris.
Cabarrus (Jenika), Paris.
Cahen.
Canel (Mme).
Carné (de), Bourg-la-Reine.
Caspers (Mlle Pauline), à Nogent, près Paris.
Castex-Lamorre (Mme), Rennes.
Céard (Mme).
Celerier (Edouard), Paris.
Cerf.
Chaix (le docteur).
Changeux, Viroflay.
Chansardon.
Chardon, Paris.
Charier-Wira (Mme Marie).
Charnacé (Mme la marquise de).
Charpentier.
Chérion.
Clément (Mlle Florentine).
Clérice (Mme Justine), Paris
Colin (Mme).
Contesenne (Mlle Marie).
Cornet, Paris.
Costeau.
Coüard-Luys.
Couderc (Victor).
Coudret (Mme Victor).
Coudret (Mme Alexandre).
Coudret (Paul).
Coudret (Mme Paul).
Couturier.
Couturier (Mme).
Croullebois.
Croullebois (Mme).
Cural.
Dagiral.
Danguy (Jean), Paris.
Daulé fils.
Deguingand.
Delabarre-Duparcq, Paris.
Delacourcelle, Boulogne-sur-Seine.
Delamotte (Alfred).
Delarbre.
Delarue (Maurice), Paris.
Delasalle, St-Cucufa.
Delaunay.
Delavoipière, Paris.
Delbecque (Mlle), Paris.
Delbecque (Mlle), Paris.
Delestre (Eug.), Neuilly.
Delorme (Mlle).
Denevers (Emile).
Denevers (Mme).
Denevers (Paul).
Denneville.
Déplante (Mme), Clichy.
Deroisin.
Deschars (Léon).
Descomble.
Descomble (Mme).
Descomble fils.
Desgenetais (Mme Marie), Paris.
Desnos (Mme Ferdinand).
Detaille.
Devaux (Mme).
Diard (Mlle Madeleine), Rambouillet.
Didier (Mme).
Didier (Clovis).
Dorbec-Charvot (Mme), Asnières.
Dormois, Saint-Germain-en-Laye.
Dormont.
Dreux.
Dubillon.
Dubuisson.
Dubuy, Paris.
Duenès d'Alheim (Mme), Senlisse.

Dufaure, anc. député (château de Gillevoisin, près Lardy) (S.-et-O.).
Dufour (Mme).
Dufresnay-Besnard (Fréd.).
Dufy (Ch.).
Dumini, Meudon.
Dumont.
Dumont (Mme).
Dumont (Maurice).
Dupaty (Charles).
Durand (Mlle).
Duval.
Duval (Edouard).
Esnault (Mme).
Euvé (Edmond).
Eve (Mme Alphonse).
Eve (Alphonse).
Everard (Mlle Blanche), Paris.
Fagniez.
Falcimaigne, Angerville (S.-et-O.).
Fauchon.
Favarcq (Mme), Chesnay.
Favier.
Feldtrappe, Paris.
Felin (Manuel), Sèvres.
Féron, Paris.
Fiel.
Fiel (Mme).
Filliette (Mme).
Filliette (Alfred).
Fisanne fils.
Fizel-Dubisson.
Flamant (Octave).
Flamant (Mme Octave).
Fleury (Mme Léon).
Fleury (Léon) fils.
Follet, Paris.
Forsberg (Nil), Paris.
Fouque-Marcel, Paris.
Frederick.
Gaffard (Mme).
Galinier (Marcel).
Gallet-Levadé (Mme Louise), Paris.
Gambon (Mlle Jeanne).
Gandouin, Paris.
Gatin.
Gauthier (Albert), député.
Gautier (Constantin).
Gavin.
Gavin (Mme).
Gayat (Mlle Hélène).
Georges.
Gésincourt (de).
Giacomelli, à Clermont-Ferrand (Puy-de-Dôme).
Gillet (Emile), Paris.
Girard (Mme).
Godin (Mme Paul).
Goisque (docteur).
Gondrexon, Charleville.
Got.
Gounin, Paris.
Grosseuvre.
Groszer (Mlle Louise).
Guillebon (Mme de), Buc.
Guilmant, Meudon.
Haizet, notaire.
Haizet (Mme).
Hauriot (Jules), Paris.
Haudart.
Haury (Mlle Alice).
Haussmann.
Haussmann (Mme).
Havard, Meulan.
Hebert.
Heim-Nefftzer (Mme).
Herman (docteur).
Hermier (Mlle Octavie), Paris.
Hesling, Juvisy-sur-Orge.
Houlet (Félix).
Houlet (Mme Marie), Paris
Huber (Léon), Paris.
Hueber.
Huet, Paris.
Humbert.
Humbert (Mme).

Imbert.
Iwill, Paris.
Jacquot, Valmondois.
Janson.
Jessé (Mme Gaston).
Joleaud (le colonel).
Jolivet.
Joly (Mme).
Jonette.
Jonette (Henry).
Josse.
Jouin.
Juge (Julien).
Jullien.
Jungfleisch Aboilard (Mme), Paris.
Junière (Mme).
Junière (Mlle)
Klinger (Mlle Marie), Paris.
Knol (Jules), Rambouillet.
Koechlin (Mme), Paris.
Koechlin (Daniel), Paris.
Labadie-Layrave, Paris.
Labbé (Mlle Blanche), Paris.
Labrie (Mme), Boulogne-sur-Seine.
Lacombe (Mme).
Laffitte (Paul), Paris.
Lahr (Mme), Boulogne-sur-Seine.
Lair.
Laloua (Mlle).
La Lyre, Courbevoie.
Lambert (Ctesse L. de).
Lambert (Mme Joseph).
Lambert (Henri).
Lambert.
Lamy (Mlle Aline), Paris.
Landmann.
Langlois.
Laperche (Mme).
Larcher (Mme).
Larcher.
Larive (Mme), Chesnay.
Larrue.
Latry (Mlle), Paris.

Laurent, Paris.
Laverne.
Leblanc, Paris.
Leblanc (E.), Paris.
Le Boulch.
Lecesne, Etampes (Seine-et-Oise).
Ledoux (Mlle Blanche), Paris.
Ledru.
Lefebvre (Edouard).
Lefebvre (Mme).
Lefebvre (Mme).
Lefebvre, Bellevue (Seine-et-Oise).
Lefebvre-Glaize (Mme Maguelonne), Paris.
Lefèvre (Alfred).
Lefort.
Legeard.
Léger (Jules), Paris.
Legrand.
Legrand (Maxime).
Legrand, Paris.
Lejeune (Mme).
Lelogeais.
Lelogeais (Mlle Marie).
Lemaire (Georges), Paris.
Lemaréchal (Mme).
Le Marié, Paris.
Lemut (Jules), à Épernay.
Lenoir.
Lenoir (Mme).
Léonard.
Lépine (Mme).
Lépine (Alfred).
Lépine (Louis).
Leroux (Albert), Paris.
Leroux (René).
Le Roy (Henry).
Leroy.
Lesieur, Saint-Vrain.
Lesieur (Mme), Saint-Vrain.
Lesieur (Mme), Paris.
Lesieur (Mme Emile), Boulineau (Seine-et-Marne).

Lesieur (Emile), Boulineau (Seine-et-Marne).
Letourneur (Mme).
Lévy-Alvarès (Mme).
Leyendecker (Paul).
L'Hermite (Amélie), Billancourt.
L'huer, Paris.
Libaudière, Paris.
Loghadès (Mme de), Paris.
Loiseau (Mme), Paris.
Lorillard.
Louchet (Paul), Herblay.
Louppe (Mlle Léonie), Paris
Loustaunau (Mlle).
Louvard.
Luce (Louis).
Mainguet (Mme).
Mancini, Paris.
Manuel (André).
Manuel (Georges).
Many (Mme), Paris.
Marcille.
Marque fils (César).
Marque (Mme César).
Marquis.
Martin.
Martin (Victor), aux Sablons (Seine-et-Marne).
Martinon (Mme).
Mascart, Paris.
Masson (Henri).
Masson fils (Pierre).
Materre.
Materre (Mme).
Matrod-Desmurs, Paris.
Meinadier (Mlle).
Ménager.
Messines (le pasteur).
Meunier.
Meunier.
Miaux.
Michau (Mlle), Neuilly.
Mignot.
Millet (Mme Emile).
Moinot.

Monin (Dr), Paris.
Monod (Gabriel).
Mony (Adolphe), Paris.
Moreau (Albert).
Moreau (Mme Albert).
Moreau (Emile).
Mouillard, Paris.
Moulin (Mme), Saint-Germain-en-Laye.
Munier (Jules), Vaucresson.
Nansot, avoué.
Naudet.
Nolhac (Mme de).
Olivier, Paris.
Oiry (Charles).
Orbinot.
Ortiou, Paris.
Ottenheim.
Ottenheim (L.).
Pabst (Mme), Paris.
Paget (Mlle Aline), Montreuil-sous-Bois.
Paisant.
Paisant (Mme).
Pallandre (Maurice).
Pallandre (Lucien).
Pallandre (Albert).
Palmer.
Paris (Mme Louis), Limoges.
Parisot.
Parisot (Mme).
Pecquerie.
Pellerin.
Perdrieux.
Perdrieux (Mme).
Perinard (Ed.).
Perruy.
Perzinka.
Petin (Mme Albertine).
Petit (Albert).
Petit (l'abbé), Marnes-la-Coquette.
Petit-Robert, Viroflay.
Peytel (Mme), Paris.
Pichot.
Pierret (Mme).

Pihan, Marnes-la-Coquette.
Pillini (Mlle Marguerita), Paris.
Pinault.
Pinault (Mme).
Piry.
Pithon.
Placet.
Placet (Mme).
Ploix (Adolphe).
Ploix (Mme Adolphe).
Poirson, préfet de Seine-et-Oise.
Poisson (Mlle Léonide).
Ponsard (le colonel).
Ponsard, Vincennes.
Ponsin (Mlle Camille).
Popelin (Mlle Madeleine), Paris.
Pounot.
Pressoir.
Préval (de).
Prodhomme (Ferdinand).
Pyne (lady).
Quentin.
Quéro (Albert).
Quéro (Mme).
Quillet (Ferdinand), Paris.
Quingnaud (Mme), Arcueil.
Rabourdin.
Ramin (Mme).
Ravault (René), Etampes.
Rebierre-Laborde, La Couronne (Charente).
Renaud (Emile).
Renaud (Mme Emile).
Renault (Victor).
Renault (Gaston).
Reniaud.
Reniaud (Mme).
Renoux (M. l'abbé), Vaugrineuse.
Reynoud.
Risler (Charles), Paris.
Rivière.
Rivoli (duchesse de), Paris.

Robert (Joseph).
Roby (Mme), Torrigny.
Roche.
Rochette.
Rochette (Mme E.).
Rochette (Mlle L.).
Romilly (Worms de), Paris.
Roslin (Charles).
Roubinet (Mme).
Roubinet (Hippolyte).
Roubinet (Albert).
Rouchonnat (Emile), aux Mureaux (S.-et-O.).
Rouchonnat (Mme Eug.), aux Mureaux (S.-et-O.).
Rousseau.
Rousseau (Eugène), Saint-Léger-en-Yvelines.
Rousseau (Mme Eugène), St-Léger-en-Yvelines.
Roux (Georges), Jouy-en-Josas.
Roy (Mlle), Cognac.
Royer (Mme Jeanne).
Rué.
Salleron (Léon).
Salleron (Mme).
Sayvé (Abel).
Schreiber, Paris.
Schwartz (Mlle Esther).
Sérendat de Belzim, Paris.
Serre (Georges).
Serval (Maurice), Paris.
Sigaut (Jules), Paris.
Sigaut (Mme Jules), Paris.
Silvestre.
Simonnet (Lucien), Sèvres.
Sivry (de).
Société Versaillaise de photographie.
Sortais.
Sortais (Mme).
Taconet (Mlle).
Talagrand, Paris.
Taphanel.
Tardif.

Tarot.
Tauzin, Bellevue et Paris.
Tchoumakoff, Paris.
Terrade (Albert).
Terrade (Mme Albert).
Terrade (Mme).
Terrade (Charles).
Terrade (René).
Thibal.
Thiroux.
Thurwanger (Mme), Paris.
Timmermans, Paris.
Tissu.
Touchard fils, Paris.
Touchard (Mme), Paris.
Tournade.
Tournus.
Tournus (Mme).
Triboulet.
Truffaut (Albert).
Turquet.
Tzaud (Mlle Aimée), Paris.
Vaast.
Valade (Mme).
Venot (Mme).
Véron (l'abbé), à Saint-Léger-en-Yvelines.
Vidlou.
Wahl – Fontaine (Mme), Paris
Wannez (Edouard).
Wuytiers (Mme Marie), La Haye (Hollande).
Yot (le D^r).
Zimmermann.

SOCIÉTÉ DES AMIS DES ARTS

DE SEINE-ET-OISE

La Société des Amis des Arts de Seine-et-Oise a pour but de favoriser le progrès des beaux-arts dans le département, et d'en propager le goût par des expositions publiques, par l'acquisition, à ces expositions, des ouvrages les plus remarqués ; par des manifestations et des publications artistiques, et par tous les moyens qui lui sembleront les plus propres à atteindre le but qu'elle se propose.

Les tableaux, sculptures, dessins, gravures et objets d'art, achetés par la Société aux expositions ci-dessous spécifiées, sont partagés par la voie du sort entre ses membres, en assemblée générale.

La Société se compose de membres titulaires, honoraires et correspondants.

Les titulaires s'engagent à payer une cotisation annuelle de *dix francs*; le paiement de cette cotisation donne droit à la remise d'un titre portant un numéro qui participe au tirage au sort des lots acquis par la Société.

Chaque sociétaire peut prendre, en outre de ce premier titre, un ou plusieurs titres de même valeur, afin d'ajouter à ses chances pour le tirage au sort.

L'admission dans la Société ne peut avoir lieu que sur la présentation écrite de deux de ses membres. Cette présentation devra être faite un mois au moins avant l'assemblée générale réglementaire.

Les ressources de la Société se composent principalement du montant des cotisations annuelles, des recettes des expositions, des subventions allouées par l'État, le département et les communes.

Les fonds de la Société sont employés :

1° A organiser des expositions publiques ;

2° A acquérir les tableaux, gravures, sculptures et autres objets d'art qui auront été choisis dans ces expositions ;

3° A donner à titre de récompense, et quand il y a lieu, des médailles ou autres marques d'encouragement aux artistes ;

4° A récompenser également, par des médailles ou autres marques d'encouragement, les instituteurs du département reconnus pour avoir fait pratiquer avec le plus de succès l'étude du dessin dans leurs écoles ;

5° A alimenter la caisse de secours fondée par la Société pour venir en aide à des artistes malheureux, à leurs veuves ou à leurs jeunes enfants.

RÉCOMPENSES

DÉCERNÉES A L'EXPOSITION DE 1902.

Prix du Ministre de l'Instruction publique et des Beaux-Arts

M. CESBRON.

Prix du Salon.

MM. BLANCHARD.
DUBROCA.
MANGEANT.

Diplômes d'honneur.

MM. TRIQUET.
ROGER-JOURDAIN.
DELPECH.
KOECHLIN.

Médailles de vermeil.

MM. BRUNET-HOUARD.
DAGNAC-RIVIÈRE.

1res Médailles d'argent.

MM. BELLAN.
POSELER.
Mlle CABARRUS.

Rappels de 1res médailles.

Mme RÉAL-DELSARTE.

2es Médailles d'argent.

MM. MARRET.
DELAVOIPIÈRE.
KAHN.
Mlles POLONCEAU.
AUGÉ.

Rappel de 2e médaille.

M. SERENDAT DE BELZIM.

3es Médailles d'argent.

MM. DUCROS.
MAILLAUD.
BOY.
BICABIA.

3es *Médailles d'argent.*

MM. DE SACHY.
    BERTRAND, René.
Mlles LANDRÉ.
    DE LADEVÈZE.
    BOISSY.

Rappels de 3es médailles

Mlle LAMY.
Mmes PALLANDRE.
    MALFILATRE.
    FAUX-FROIDURE.
    LOUVET.

Mentions honorables.

MM. GUIGNÉ.
    D'ASSIGNIES.
    PETIT.
    CRATTI.
    DANGUY.
    DUPONT.
    ORTIOU.
    ALAUX.
    PELLETIER-CHEVALIER
    SIMON.
    HAMM.
    CHARLET.
Mlles THÉVENOT.
    DE FORSTNER.

DESCRIPTION
DES
ŒUVRES EXPOSÉES

DU DIMANCHE 17 MAI AU 26 JUILLET 1903

DANS LES SALONS

DE L'HOTEL DE VILLE

PEINTURE

Achenbach (Mlle Gabrielle), 11 *bis*, rue Vineuse, Paris. [V. 2e méd.] (Sre.)

1 — Frieda.
2 — Etude (plein air).

Alaux (Guillaume), 31, boulevard Berthier, Paris. [P. M. H. Méd. Exp. Univ. 1900. — V. 3e méd.]

3 — Un coin du bassin d'Arcachon.

Alessandro (Olga d'), 62, rue Boissière, Paris.

4 — Nature morte ; légumes.

Alfassa (Mme Mira), 15, rue Lemercier, Paris (XVIIe). [V. 3e méd.]

5 — Salle à manger.

Anthiome (Edmond), 20, rue des Marais, Versailles. (V. M. H.)

6 — La Plage de Penvern.

Arondel (Henri). 16, rue de Maurepas, à Versailles.

7 — Etude (dans la plaine de Clamart).

Aubert (Jean), 48, rue Pergolèse, villa Dupont. [P. H. C. ✻.]

8 — Une Plage dangereuse.

Baird (William), 3, rue d'Odessa, Paris. [V. 2e méd. et rappel.]

9 — Environs de Saint-Jean-du-Doigt (Bretagne).

Barbichon (Auguste), 19, rue Saint-Pierre, Versailles. (V. M. H.) (S^ro.)

10 — Portrait de Mme M.
11 — Portrait de Mlle F.

Barthel (Jacques), 2, rue de la Cathédrale, Versailles. (S^ro.)

12 — Berger et son chien.

Bastide (Alice), 3, rue Théophile-Gautier, Paris (XVIe).

14 — Étude de jeune fille.

Baudot (Alexandre-Eugène), à Lougnes (Seine-et-Oise. [V. M. H.]

15 — Hêtres en Forêt.

Beaujeu (André), 66, rue Doudeauville, à Paris.

16 — Le Soir. Intérieur.
17 — Un coin à Montmartre.

Bergeret (Pierre-Denis), 26. rue Victor-Massé, à Paris. [P. H. C. ✻. — V. H. C.]

18 — Fleur de mer.
19 — Nature morte.

Bergerot (Mme Louise), 39, rue Franklin, Passy-Paris. (Sre.)

21 — Lanterne et oignons.

Bettinger (Gustave), 3, rue Jean-Jacques-Rousseau, à Montmorency.

22 — Le Papillon.

Bianco (Tommaso), 277, rue Saint-Honoré, à Paris.

23 — Le Bazar de la Charité après l'incendie.

Biddlecombe (feu Walter), 377, rue Paradis, à Marseille (Bouc.-du-Rhône). [V. 3ᵉ méd.]

24 — Chevaux à l'abreuvoir (Quartier Militaire), à Marseille.
25 — « Veaux ».

Bienvêtu (Gustave), 14, rue de la Fraternité, à Colombes (Seine). [V. 1ʳᵉ méd. et rap.]

26 — Bouquet de chrysanthèmes.
27 — Branches de roses.

Binet (Georges), 7, rue Tourlaque, à Paris. [P. M. H. — V. 2ᵉ méd.]

28 — Coquelicots au bord de la mer.
29 — Pâturage.

Biva (Lucien), 36, faubourg Saint-Martin, Paris.

30 — Roses.
31 — Champ de courses de St-Cloud.

Bocquet (L.-Gaston), rue Nansouty, 26, pavillon 9, Paris (XIVe).

32 — Une vieille cour à Arcueil (Seine). (Peinture.)
33 — Le Cellier. (Étude d'intérieur.)

Bogard (Mme Marthe), rue Saint-Martin, 10, Versailles. (S^{re}.)

34 — Fleurs et fruits.

Boislecomte (Edmond de), 26, rue Poncelet, Paris.

35 — Aragonais.
36 — Le Christ de Fontarabie.

Boissy, 2, rue du Cardinal-Lemoine, Paris. [V. 3e méd.]

37 — Portrait de Mlle H. B.

Borchard (Edmond), 4, place Pigalle. [P. H. C.]

38 — Chiens et Chat.

Bourgeois (Edouard), 39, rue Carnot, Versailles.

39 — Maisons du village de St-Hippolyte, près de Chatel-Guyon. (Le soir.)
40 — Cabane de bûcheron. (Février.)

Bourgogne (Pierre), rue de Brancas, 32 *ter*, à Sèvres (S.-et-O.). [P. H. C. — V. H. C.]
41 — Fleurs et fruits d'été.
42 — Fruits d'été.

Boy (M.), 31, rue Saint-Louis. [V. 3ᵉ méd.]
42 *bis*. — Nature morte. — 42 *ter*. — Tête d'étude.

Broquet (Espérance), 15, rue des Chantiers, Versailles. (S^{re}.)
43 — La Rosée. (Matinée d'août.)
44 — Après la bourrasque. (Sablière de Picardie au couchant.)

Brouilhony (Julia), 14, rue de Chabrol, Paris.
45 — La culotte déchirée.

Bruguière (Fernand), 25, rue Brezin, à Paris (XIVᵉ).
46 — Coin du Port à Marée Basse (Dieppe.)
47 — Dieppe, 6 heures du soir.

Brunet (Mlle Marie), 126, rue de l'Université, à Paris. [V. M. H.]
48 — Roses.
49 — Raisins et chrysanthèmes.

Brunini (Ettore), 10, rue du Peintre-Lebrun, à Versailles.
50 — Portrait de Mme la V^{sse} de S. M.
51 — Portrait de Mme L...

Carbonneaux (Charles), 4, square des Tilleuls au Parc Saint-Maur (Seine).

52 — Nature morte.

Caspers (Mlle Pauline), 1, quai aux Fleurs, à Paris. [V. 3e méd. et rappel.] (S^{re}.)

53 — Pivoines et lilas.
54 — Roses et aubépine.

De Castro (Paul), 33, rue Bayen, à Paris.

55 — Joueurs de billard. (Voir dessin.)

Cauchois (Henri), 15, rue Grange-Batelière, à Paris. [P. 3° méd.]

56 — Chrysanthèmes.
57 — Quarantaines.

Cesbron (Achille), 13, rue Jacquemont, à Paris. [P. H. C. ✵. — V. Prix du Ministre.]

57 *bis*. — Roses claires.
57 *ter*. — Frise de roses Malmaison.

Charier-Wira (Marie), 14, rue Maurepas, à Versailles. (S^{re}.)

58 — Portrait de M. W...
59 — Paysage de Printemps à Trianon.

Charlet (Georges). 18, rue de Chabrol, Paris. [V. M. H.]

60 — La bonne pipe.

Clavel (Emile), Villa-aux-Roses, Suresnes (Seine). [V. M. H.]

61 — Marée montante.

Claude (Eugène), 90, rue de Châteaudun, Asnières. [P. H. C.]

62 — Le bouquet des champs.
63 — Les pêches.

Cliquot (Antoinette), 3, rue Gambetta, à Nanterre (Seine). [V. 2ᵉ méd. et rappel.]

64 — Les Caloches d'Etretat (Seine-Inférieure).

Colin-Libour (Mme Uranie), 29, boulevard des Batignolles, Paris. [P. M. H.]

65 — Le Réveil.
66 — Câlinerie.

Collas (Mme Paula), 6, rue du Bellay, Paris (IVᵉ).

67 — Vieille paysanne de Seine-et-Oise.

Contesenne (Marie), 5, rue de Noailles, Versailles. [V. 3e méd. et rappels.] (S^re.)

68 — Raisins.
69 — Cerises.

Corgialegno (S.), 24, rue Bonaparte, Paris.

70 — Tête d'Etude.

Couty (Frédéric), 69, rue Lemercier, Paris. [V. méd. de vermeil.]

72 — Les oignons.
73 — Les raisins.

Crotty (Auguste), 86, boulevard des Batignolles, Paris. [P. 3e méd. — V. M. H.]

74 — Plein air. (Voir pastel.)

Cuisant (Nicolas-Charles), 5, rue d'Angiviller. [V. 3e méd.]

75 — Parc de Versailles, Fontaine du combat des animaux.
76 Parterre du Nord, Escalier montant à la terrasse.

Cuisinier (Edmond), 15, boulevard Saint-Marcel, Paris. [P. M. H. — V. 3e méd.]

77 — Matinée d'automne.

Dagnac-Rivière (Charles), 23, boulevard Pasteur, Paris. [P. M. H. — V. méd. de vermeil.]

78 — Vert et or.
79 — Rue arabe (Le soir).

Dalliance (Louis), 86, boulevard Saint-Marcel, Paris.

80 — Arbres en fleurs dans la vallée de Chevreuse.

Danguy (Jean), 15, rue Campagne-Première, Paris. [V. M. H.] (S^{re}.)

81 — La Solitude.

Dargent (Henri), 20, boulevard Jourdan, Paris.

82 — Nature morte. (Etude.)

Darien (Henry), 113, boulevard Saint-Michel, Paris. [P. H. C. — V. méd. de vermeil et rappels.]

83 — Raisins secs, Pêcheurs de crabes. (Voir pastel.)

D'Eaubonne (Lucien), 2, Grande-Rue, Chaville.

84 — Portrait. (Voir pastel.)

Decroix (Alfred-Emile), 12, rue Girardon, Paris. [V. 3ᵉ méd.]

85 — Nature morte: les Asperges.
86 — Les Repriseuses de Tapisserie.

Delahogue (Alexis-Auguste), 15, rue Grange-Batelière, Paris.

87 — Le soir au village rouge, El Kantara (Algérie).
88 — Après-midi au vieux Biskra (Algérie).

Delahogue (Eugène-Jules), 15, rue Grange-Batelière, Paris. [V. 2ᵉ méd.]

89 — Rue à Gorbio (Alpes-Maritimes).
90 — Sentier à Auvers-sur-Oise.

Delavoipière (Philippe-Alfred), 4, rue des Dames, Paris. [V. 2ᵉ méd.] (Sʳᵉ.)

91 — Chrysanthèmes et Grenades.
92 — Pâté de Chartres.

Delorme-Cornet (Mᵐᵉ Louise), 29, rue Lepic, Paris.

93 — Prière du soir.
94 — Petit Savoyard.

Denet (Charles), 2, rue Jouffroy, Paris. [P. M. H. — V. 2ᵉ méd.]

95 — Retour du Braconnier.

Desauty (Henriette), 60, boulevard Clichy, Paris. [V. Diplôme d'H.]

96 — La Leçon de couture.

Desgénetais (Mme Marie), 166, avenue Victor-Hugo, Paris. [V. M. H.] (S^re.)

97 — Portrait d'enfant.

Després (Mme Violette), 57, rue Saint-Merry, à Fontainebleau (S.-et-M.).

98 — Esquisse du panneau décoratif d'une vitrine art nouveau, exécutée pour Mme S***.

Desrivières (Gabriel), 235, faubourg Saint-Honoré, Paris. [V. M. H.]

99 — Vallée de Saint-Agnès (Alpes-Maritimes).
100 — Verger au Cannet (Alpes-Maritimes).

Didier (Clovis), 16, rue Alexandre-Lange, à Versailles. [V. prix de Salon, H. C.] (S^re.)

101 — Farniente.
102 — Dernier coup d'œil.

Dornois 11 bis, rue Juliette-Lamber. [P. M. H. — V. 2e méd.]

103 — Orange, le théâtre romain.
104 — Timgad, le théâtre romain.

Dubuisson (Paul), 6, rue Marie-Charlotte, à Versailles.

105 — Officier de chasseurs de la garde.

Ducros (Edouard), 6, place Jeanne-d'Arc. [V. 3ᵉ méd.]

106 — Ferme en Provence.
107 — Laroque d'Autheron. Village en Provence.

Duênes d'Alheim (Marie), Senlisse, par Dampierre (Seine-et-Oise). (Sʳᵉ.)

108 — Chemineaux faisant leur repas du soir.
109 — Jeunes filles jouant de la mandoline.

Dupain (Edmond-Louis), 152, boulevard Montparnasse, Paris. [P. H. C., ✤.]

110 — Au bord de l'Etang (Chaville).
111 — St-Malo (petite plage).

Durst (Auguste), 49, avenue de la Défense, à Puteaux. [P. 2ᵉ méd. — V. 2ᵉ méd.]

112 — Poules et veaux dans la prairie (Normandie).

Duval (Léon), 8, rue de l'Ermitage, Versailles. [V. M. H.] (Sʳᵉ.)

113 — Etude de sous-bois.
114 — Pêches d'Automne.

Duval (Edouard), 15, rue des Chantiers, à Versailles. (S^ro.)

115 — Effet du Matin (environs de Versailles).

Faivre (Joseph), 20, rue des Chantiers, à Versailles.

116 — Pont de Sèvres.

Farcy (O. de), 11, rue Monsieur, Paris.

117 — Petite plage bretonne.

Fardin (Armand), 18, impasse du Maine, Paris.

119 — Panier de Chrysanthèmes.

Fath (René), 49, rue du Mesnil, à Maisons-Laffitte (Seine-et-Oise). [P. H. C.]

120 — Le banc du cloître.

Fiel-Bury (Mme Marie), 60, avenue de Paris, Versailles. (S^re.)

121 — Panier de Giroflées et Pensées.

Fielitz (Mlle F.-A.), 34, rue Notre-Dame des Champs, Paris. [P. M. H. — V. 1re méd.]

122 — Fête d'une Sainte.

Follet (René), 9, rue Say, Paris. (S^re.)

123 — Cuisine bourgeoise.
124 — Chemin des deux mares (Forêt de Montmorency).

Foucault (Georges), 122, boulevard St-Germain, Paris.

125 — Un coin de Châtel-Guyon (Auvergne). (Etude.)

Frémont (Mme Suzanne), 42, rue Raynouard, Paris (XVIe).

126 — A St-Jean-de-Luz.

Gabriel-Biessy, 14, boulevard Emile-Augier, Paris (XVIe). [P. H. C. ✻.]

127 — Jeune femme lisant.
128 — Coucher de soleil.

Galerne (Prosper), La Ferté-Alais (Seine-et-Oise). [P. 3e méd.]

129 — Le Matin dans les Marais à Itteville (S.-et-O.).
130 — Matinée d'Automne à La Ferté-Alais (S.-et-O.).

Garcement (Pierre), 117, rue Notre-Dame-des-Champs, Paris. [P. M. H.]

131 — Dans la Prairie.

Gatier (Pierre), 55, rue des Abbesses, Paris.

132 — Etude.

Georges-Bertrand, 48, avenue de Villeneuve-l'Etang, Versailles. [P. H. C. — V. H. C.] (S^{re}.)

133 — Portrait de Mlle X.

Gibert (Louise), 55, avenue Victor-Hugo, Paris. [P. M. H.]

134 — Œillets de Nice.

Gounin (Henri), 70 *bis*, rue Notre-Dame-des Champs, Paris. [P. M. H. — V. Diplôme d'honn.] (S^{re}.)

135 — Le long du rû Moret (S.-et-M.).
136 — Au Luxembourg..

Guermont (Eugène), 11, rue Oberkampf, Paris.

137 — Bord du Loing (Seine-et-Marne).
138 — Vieille poterne à Moret (Seine-et-Marne).

Guignard (Gaston), 25, boulev. Berthier, à Paris. [P. H. C. ✻. — V. H. C.]

139 — Lever de lune.

Hain (Mlle Marguerite), 55, rue Bouquet, Rouen.
 [V. 3ᵉ méd.]

140 — Bengales roses et Mufiles de Sion.

Hanriot (Jules), 10, rue Frochot, à Paris.
 [V. M. H.] (Sʳᵗ.)

141 — Portrait d'enfant.
142 — Baie de Sainte-Brelade à Jersey.

Hart (Émile), 14, avenue Hoche, à Paris.
 [V. 2ᵉ méd. et rappel.]

143 — Espagnole (tête).
144 — Communiantes.

Havard (Mlle Valérie), 22, rue Gambetta, à Meulan (Seine-et-Oise). (Sʳᵉ.)

145 — Cornichons.
146 — Œillets et mimosas.

Hesling (Ferdinand), à L'Hay (Seine). (Sʳᵉ.)
147 — Journée orageuse de la fin de juillet, en Brie.

Hista (Louis), 18, rue de Chabrol, à Paris.
 [P. méd. d'or Exposition Universelle 1900.]

148 — La grande galerie de la Manufacture Nationale de Sèvres à l'Exposition Universelle de 1900. (Voir aquarelle.)

Honnorat (Lillie), 110, rue Sylvabelle, à Marseille.

149 — Fleurs avec panier.

Houlet (Maria), 45, rue Ribéra, Paris (XVIe). (S^{re}.)

150 — Nature morte.

Huber (Léon), 15, rue Cauchois, à Paris. [V. Diplôme d'hon.] (S^{re}.)

151 — Les petits Mélomanes (jeunes chats).
152 — Chacun pour soi (jeunes chien et chats).

Imbert (Mlle Lucie), 7, rue Huguerie, à Bordeaux.

153 — Une bourriche de primevères.

Jacquelin (Jules-Gaston), à Saint-Michel-sur-Charente.

154 — Lilas. (Voir aquarelle.)

Jacquot (Jean-Baptiste), villa du Port, à Valmondois (Seine-et-Oise). (S^{re}.)

155 — La Seine à Honfleur.

Jeannin (Georges), 32, rue des Dames, Paris.
[P. H. C. — V. H. C.]

156 — Bouquet de camélias.
157 — Pommes.

Jeannin (Maurice), 32, rue des Dames, Paris.
[P. 3ᵉ méd.]

158 — Seigneur Castillan.
159 — Gitane.

Jullien (Mlle Cécile), 61, avenue Daumesnil,
Paris. [V. M. H.]

160 — Anémones du Japon.

Jungfleisch - Aboilard (Mlle Marguerite),
74, rue du Cherche-Midi, à Paris. (S^{re}.)

161 — Apprêts d'un reposoir.
162 — Coings et raisins.

Kiréevsky (Etienne), 65, avenue Marceau,
Paris (XVIᵉ). (S^{re}.)

163 — Portrait de Mlle L***.
164 — Après le bain.

Kahn (Max), 25, boulevard de Clichy, Paris. [P.M. H. — V. 2ᵉ méd.]

165 — L'Indiscrète.

Knecht (Gaston), 14, rue du Peintre-Lebrun, à Versailles.

166 — Orléans le soir.

Koechlin (Mme Bertha), 8 *bis*, chaussée de la Muette, Passy-Paris. (S^re.)

167 — Giroflées et violettes.
168 — Etude de Pivoines.

Korochansky (Michel), Montigny-sur-Loing (Seine-et-Marne).

169 — La Digue.
170 — Au Printemps.

Kreyder (Alexis), 11, passage Stanislas, Paris. [P. H. C. ✻. — V. Diplôme d'Hon.]

171 — Groseilles.
172 — Fraises.

La Barre-Duparcq (Léon de), 67 rue Rochechouart, Paris (IXe). (S^re.)

173 — Roch Losquet (île de Bréhat) (Côtes-du-Nord).
174 — Clairière.

Ladevèze (Mme Louise de), rue Grange-Batelière, 15. [V. 3e méd.]

175 — Stupéfaction.

Laloge (Mme Fanny), 84, rue Lepic, Paris [V. 2e M. H.]

176 — Fleurs.
177 — Nature morte.

Lamorre-Castex (Mme Louise), rue Bertrand, 16, Rennes. [V. 2e méd. et rappel.] (S^{ro}.)

178 — Bout de causette.
179 — Portrait.

Landré (Mlle Louise), 233, faubourg St-Honoré, à Paris. [V. 3e méd.]

180 — Amour maternel.

Larrue (Guillaume), 11, rue Jacques-Boyceau, Versailles. [P. M. H., médaille de bronze Expos. univ. de 1900. — V. Prix du Salon, H. C.] (S^{re}.)

181 — Un groupe du bassin de Neptune.
182 — La Dictée.

Laugée (Georges), 20, boulevard Flandrin, Paris (XVIe). [P. H. C. — V. Diplôme d'Hon.]

183 — Chaussée d'étang (Brenne, Berri). (Voir gouache.)

Lavalley (Louis), 81, rue Lemercier, Paris.
[P. 3ᵉ méd. et Prix de Rome 1891.]

184 — Tête d'Etude.

La Villette (Mᵐᵉ Elodie), Renaron en Saint-Pierre-Quiberon (Morbihan). [P. H. C. — V. Diplôme d'hon.]

185 — Le Fozo, marée basse, Quiberon (Morbihan).

Lebrun (Marcel), 58, rue Volta, Paris. [P. M. H. — V. 3ᵉ méd.]

186 — Le Village de Verville (Seine-et-Oise).

Lecomte (Victor), 91, quai de La Varenne, La Varenne-Saint-Hilaire (Seine). [P. 3ᵉ méd.]

187 — La Tonnelle.

Lecuit-Monroy (Paul), 65, rue de Malte, Paris [V. 2ᵉ méd.]

188 — La Vallée de Sospel (Alpes-Maritimes).
189 — Vieux chemin grande rade, Toulon.

Lefebvre (Maurice), 6, Grande-Rue, Bellevue (S.-et-O.) (Sʳᵉ.)

190 — La Dent du Midi, Valais (Suisse).

Legeard (Gustave), 58, avenue de Paris, Versailles. (S^{re}.)

191 — Cabane de bûcherons.

Le Meilleur (Georges), 53, rue Cardinet, Paris.

192 — Parc de Saint-Cloud.

Leras-Thurwanger (Mme Hélène), 95, rue Centrale, Le Cannet, près Cannes (Alpes-Maritimes). (S^{re}.)

193 — Paysage Ste-Catherine.

Le Royer (Léon), 14, rue St-Faron, Meaux (S.-et-M.). [V. M. H.]

194 — Carrière de sable.

Leroux (René), 105 *bis*, boulevard de la Reine, Versailles. [V. M. H.] (S^{re}.)

195 — A Trianon.
196 — A Trianon.

Lesseré (Marcel), 44, rue de La Tour-d'Auvergne, Paris.

197 — Fin d'après-midi (Normandie).
198 — Matin d'automne à Sèvres.

Leyendecker (Paul), 6, rue Mansart, Versailles. [V. 3ᵉ méd. et rappel.] (Sʳᵉ.)

199 — Le Matin.

Louppe (Mˡˡᵉ Léonie), 16 *ter*, rue des Jardins-Renard, à Sannois (Seine-et-Oise). (Sʳᵉ.)

200 — Panier de Chrysanthèmes.
201 — Panier d'œillets.

Malfilâtre (Mᵐᵉ Lucy), 22, rue de Staël, Paris (XVᵉ). [V. 1ʳᵉ méd.]

202 — Lande des Korrigans (Bretagne). (V. aquarelle.)

De Malterre (Gontran), villa Corot, 49, rue Gazan, Paris. [V. 2ᵉ méd. et rappel.]

203 — Figues vertes, nature morte.
204 — Œufs sur le plat.

Manesse (Mᵐᵉ Marie-Thérèse), 122, rue du Bac, Paris. [V. M. H.]

205 — Le Cloître.

Mangin (Marcel), 102, rue Erlanger, Paris. [P. M. H. — V. 2ᵉ méd.]

206 — Dans la forêt. (Voir pastel.)

Mangeant (Paul-Émile), 104, avenue de Paris, à Versailles. [P. M. 1882, 1889, 1900 E. U. — V. diplôme d'hon., prix du Salon, objets d'art.] (S^{re}.)

207 — La chair. (Voir pastel.)

Marchet (Lucien), 7, cité Falguière, Paris.

208 — En Tirailleurs.

Marcotte de Quivières (Paul), 134, avenue de Villiers, Paris. [P. M. H.]

209 — Port de Boulogne.

Maroniez (Georges), 38, boulevard Faidherbe, Cambrai. [P. M. H. — V. 2e méd.]

210 — Derniers rayons.
211 — Le grand-père.

Mascart (Gustave), 119, rue Lamarck, Paris. [V. 1re méd.] (S^{re}.)

212 — La Seine au Bas-Meudon.

Masure (Jules), 148, rue de Bagnolet, Paris. [P. 2e méd. — V. diplôme d'hon.]

213 — Plage de Wimereux, le matin.

Mathieu (Gabriel), 9, rue Thiers, Champigny-sur-Marne (Seine). [P. M. H.]

214 — Les îles de la Marne à Champigny.
215 — Bords de la Dordogne à Beynac.

Maufra (Maxime), 16, rue Laffitte, Paris.

216 — Soleil couchant sur l'Oise.
217 — Marine à la Palud.

Mazard (Alphonse-Henri). 117, rue Notre-Dame-des-Champs, Paris. [V. 2e méd.]

218 — L'Etang de l'Ormoy (Seine-et-Oise).
219 — La Mare aux Fées (Forêt de Fontainebleau).

Millière (Maurice), 15, rue Cauchois, à Paris.

220 — Étude.

Misset (Armand), 3, rue Royale, à Versailles.

221 — Soir d'automne.

Moinot (Paul), 56, rue des Chantiers. (S^{re}.)

222 — Chevaux boulonais.
223 — La Moisson.

Monge (Jules), 19, rue Poncelet, à Paris.
[P. M. H. — V. 1ʳᵉ méd. et rapp.]

224 — Glorieuse étape ! Campagne de France, 1871.
(Voir aquarelle.)
224 *bis* — Pendant la halte. (Grandes manœuvres.)

Mouillard (Lucien), 71, rue de l'Assomption,
Paris. [V. 1ʳᵉ méd.] (Sʳᵉ.)

225 — Le 3ᵉ régiment de cavalerie à Marengo.

Murique (Isidore), 64, rue de Montreuil, Versailles. [V. M. H.]

226 — Bruyères en Sologne.
227 — Les Loges près de Jouy-en-Josas (Seine-et-Oise).

Nallet-Poussin (Mᵐᵉ Emma-Camille), 8, rue Bellefond, à Paris. [V. M. H.]

228 — Miss Love, en arrêt.

Nawrocki (Boleslas), 65, boul. Arago, Paris.

229 — Paris : quai Saint-Michel, vue sur le Louvre.
230 — La Suisse : Du glacier Eiger, vue sur Mürren.

Nozal (Alexandre), 7, quai de Passy, Paris.
[P. H. C. ✻. — V. Diplôme d'honneur.

231 — Le Doyen de la Forêt. (Voir pastel.)

Ortiou (Paul), 23, rue de la Chaussée-d'Antin, Paris. [P. M. H.] (S^{re}.)

232 — Cadeaux d'anniversaire.

Palade-Bonnal (Félicie), 10, rue Saint-Antoine, Paris.

233 — Manon. (Voir pastel.)

Pallandre (Albert), 5 *bis*, rue Sainte-Sophie, Versailles. [V. 2e méd.] (S^{re}.)

234 — Soir au canal de Versailles. (Aquarelle.) (Voir aquarelle).

Pallandre (Lucien), 43, rue d'Angiviller. [V. 2e méd. et rappel.] (S^{re}.)

235 — Les Vosges au Crépuscule. (V. aquarelle.)

Paynal-Amouroux (Blanche), 6, rue Nouvelle, Paris. [P. M. H. — V. M. H.]

236 — Fait-il beau ?

Pécrus (Charles), 42, rue Fontaine-Saint-Georges.

237 — Venise (marine).

Pelletier-Chevallier (Emilie), 94, rue Caulaincourt, Paris (XVIII⁰). [V. M. H.]

238 — Temps de neige hors barrière.
239 — Vieille rue de Montmartre en hiver.

Petit (Robert), 2, avenue de Versailles, à Viroflay (S.-et-O.).

240 — Raisins, figues, grenades.

Petit (Louis), 117, rue Notre-Dame-des-Champs, Paris. [P. M. H. — V. M. H.]

241 — Au Parterre d'eau à Versailles.
242 — La Fontaine Médicis.

Peytel (Mme Adrienne), 33, rue des Dames, Paris. [V. 3 méd. et 2 rappels.] (S^ro.)

243 — Giroflées et Marguerites.

Picabia (Francis), 15, rue Hégésippe-Moreau, Paris. [V. 3⁰ méd.]

244 — Mer basse (Bretagne).
245 — La pointe du port (Saint-Tropez).

Pillini (Mme Marguerita), 60, rue de Clichy, Paris. [V. M. H.]

246 — Une partie de besigue.

Pilou (Joscy), 123, boulevard Saint-Michel, Paris.

247 — Portrait de M. J.

Plument de Bailhac (Paul de), 24 *bis*, rue Bois-le-Vent, Paris (XVIe.)

248 — La Prière.
249 — Alleluia.

Poisson (Mlle Léonide), 35, boulevard de la Reine, Versailles. (S^{re}.)

250 — Poires d'Angers.

Polonceau (Mlle Blanche), 8, rue Coëtlogon, à Paris. [V. 2e méd.]

251 — Portrait de Mme B.
252 — Portrait de Mme C.

Prell (Walter), 2, rue Crétet. Paris (IXe). [V. 2e méd.]

253 — L'entrée du port de Sauzon (Belle-Ile.)

Prevost Roqueplan (Camille), 55, rue de Vaugirard, Paris. [P. 3e méd.]

254 — Nature morte, fleurs.

Prevot-Valeri (Auguste), 6, rue Aumont-Thiéville, Paris. [P. H. C. — V. M. H.]

255 — Vieux chemin, moutons.
256 — Pêcheur à l'épervier.

Quinet (Charles), 64, rue Vieille-du-Temple, Paris. [V. M. H.]

257 — Le sentier abandonné.
258 — Une source à Villeneuve-l'Étang.

Quentin (François), 36, rue de l'Orangerie, Versailles. [V. M. H.] (S^{re}.)

259 — Paysage.

Rebierre-Laborde (Mlle Denise), La Couronne, rue de la Gare (Charente). (S^{re}.)

260 — Coin de village en Charente.
261 — Vue prise à Fouras. (Marine.)

Renault (Jacques-Victor), rue Richaud, 30, à Versailles. [V. diplôme d'hon.] (S^{re}.)

262 — Battage du blé par les animaux aux environs de Cordoue (Espagne).
263 — La Cour des miracles à Pont-de-l'Arche.

Renault (Gaston), 30, rue Richaud. [P. M. H. — V. H. C.] (S^{re}.)

264 — Le Moulin (Trianon).
265 — Intérieur en Auvergne.

Rochegrosse (Georges), 96, avenue des Ternes, à Paris. [P. H. C. ✳ — V. Dipl. d'h.]

266 — Lecture.

Rosier (Mlle Marie), 20, rue des Charbonniers, Paris.

267 — Nature morte : Eventail et roses.
268 — Nature morte : Violon et pavots.

Roslin (Charles), 14, rue Carnot. [V. 3e méd.] (S^{re}.)

269 — Paysage des environs d'Ajaccio.
270 — Quartier de la Reine (Inspection du général Meysonnier).

Roussel (Raoul), 88, rue d'Anjou, Versailles.

271 — Portrait de mon père.
272 — Nature morte : Pêches.

Roussin (Georges), 235, faubourg St-Honoré, Paris. [P. M. H. .— V. 2 1re méd.]

273 — Etude. (Voir pastel.)

Roux (George), à Jouy-en-Josas (S.-et-O.). (S^{re}.)

274 — A l'affût (automne).
275 — Printemps (à Étampes).

Saïn (Paul), 66, rue Boursault, Paris (XVIIe). [P. H. C. ✻.]

276 — Les bords de la Sarthe à Saint-Céneri-le-Gérci (Orne).
277 — Soleil couchant à Pont-d'Avignon (Gard).

Sain (Edouard), 80, rue Taitbout, Paris. [P. H. C. ✻. — V. Diplôme d'Hon.]

278 — Le Vieux Penseur. (Etude.)
279 — Lylia (figure nue.)

Salanson (Eugénie), 117, rue Notre-Dame-des-Champs, Paris.

280 — « Yvonne ».

Schreiber (Georges), 8, rue Saint-Martin, Paris. (S^{re}.)

281 — Matinée d'automne.

Sédillot (Anna), rue Martel, 4, à Paris. [P. M. H.]

282 — L'Ange Gardien. (Voir sanguine.)

Serendat de Belzim (Louis), 31, avenue de Villiers, Paris. [V. 2ᵉ méd. et 2 rappels.] (Sʳᵉ.)

283 — Phryna.
284 — Les Hirondelles.

Simonnet (Lucien), 3, rue des Rouillis, à Sèvres (Seine-et-Oise). [P. H. C. — V. Diplôme d'hon.]. (Sʳᵉ.)

285 — Dans la Vallée, à Arromanches.
286 — Bas-Meudon.

Simonnet (Jeanne), 3, rue des Rouillis, à Sèvres (Seine-et-Oise.)

287 — Le Petit Port.

Skopetz (Ernest-Charles), 36, rue du Rendez-vous, Paris.

288 — Montfort (les Tours). — Méré (S.-et-O.). — Grosrouvres (S.-et-O.) — Montfort (chemin de Bluche). — Montfort (Porte Bardou).

Sonrel (Mlle Elisabeth), 136, rue Houdan, Sceaux (Seine). [P. 3° méd.]

293 — Marguerite à l'Eglise. (Voir aquarelle.)

Staiger (Edmond), 4, rue Bertin-Poirée, Paris.

294 — Portrait.
295 — Mousquetaire.

Taconet (Mlle Jeanne), 4, rue de Mouchy, Versailles. [Méd. de vermeil et rappel.] (S{re}.)

296 — Pivoines et iris.
297 — Corbeille de roses.

Tauzin (Louis), 4, Sentier des Pierres Blanches, Bellevue (Seine-et-Oise). [P. M. H. — [V. 1re méd.] (S{re}.)

298 — La Barque du père.
299 — Pâturages à Royan.

Thielemans (Mlle Anna), 110, rue de Rennes, Paris

300 — Brioche et Fruits (nature morte).
301 — Cerises (nature morte).

Timmermans (Louis), 54, rue de Bourgogne, Paris. [V. Diplôme d'hon., H. C.] (S^{re}.)

302 — Le Port de Dieppe (matin).
303 — Sur l'Escaut, près Anvers.

Torta (Tony), 57, quai Valmy, Paris.

304 — Avant de partir pour l'Affût.

Tournade (Paul), 14, rue de Vergennes, à Versailles. (S^{re}.)

305 — Maison de pêcheur au bord du Rhône.

Trinquier (Antoine), 25, rue de l'Argenterie, à Montpellier.

306 — Sauve qui peut.
307 — Un Chou et Salade, étude (nature morte).

Triquet (Jules), 110, boulevard Péreire, Paris. [P. H. C. — V. Diplôme d'honn.]

308 — Candeur.
309 — Jeune fille souriant.

Turlin (Henri), 57, avenue de Balzac, à Ville-d'Avray. [V. 2e méd.]

310 — La Bièvre à sa source. (V. eau-forte.)

Tzaud (Mlle Ayméc), 76, avenue des Ternes, Paris. (S{re}.)

314 — Violettes et mimosas.

Vassort (Marguerite), 9, rue de Paris, à Vincennes.

312 — Nature morte.

Vianelli (Albert), 14, place Malesherbes, Paris. [P. Médaille de bronze à l'Exposition universelle 1889.]

313 — Bougival (Seine).

Weisser (Charles), 33, avenue du Parc-Montsouris, Paris.

314 — Dans les choux.
315 — Gardien du troupeau.

Woodward (Dewing), chez M. C. Gadin, rue de Douai, 43, Paris.

316 — Les Sabotiers de Rijsoord (Hollande). (V. aquarelle.)

Yo Laur, 35, rue de Meudon-Billancourt (Seine) et 8, rue Laffitte, Paris, chez MM. Bernheim jeune et fils.

317 — Ma chatte, Chrysis et ses petits.

Zawiski (Edouard), 57, rue de Caulaincourt, Paris.

348 — La rue de l'Abreuvoir, à Montmartre.

Zwilier (Marie-Auguste), 3, villa Méquillet (Neuilly-sur-Seine). [P. H. C.]

349 — En prière.

DESSINS, PASTELS, AQUARELLES, MINIATURES, ÉMAUX, FAIENCES ET PORCELAINES, ARCHITECTURE.

Arloy (Irène d'), 23, rue de Sèvres, Paris.

320 — A. Kreïder, François Coppée, J. de Fleury. (Miniatures.)

Arreitter (Marcel), 52, rue Albert-Joly, Versailles.

321 — Coin des îles de Lérins. (Dessin à la plume.)

Assignies (Albert d'), Brans par Montmirey-le-Château (Jura). [V. M. H.]

322 — Vallée de la Loire, l'Hiver.
323 — Ruines de Balançon, le soir. (Aquarelles.)

Augé (Mathilde) et **Vial** (Ély), 5 bis, avenue de Paris, Versailles. [V. 2ᵉ méd.]

324 — Deux dos de miroir. — Un couvercle de boîte. — Un plateau. — Les Époux d'après H.-G. Fell. — L'Esprit de l'eau, d'après A. Willies. (Émaux d'art.)

Bagot (Abel), 9, avenue de Saint-Cloud, à Versailles. (S^{re}.)

325 — Portrait de M. A. B***. (Pastel.)

Baralle (Marie), 57, route de Chatillon, Grand-Montrouge (Seine). [V. M. H.] (S^{re}.)

326 — Portrait de Mlle S. F***. (Porcelaine.)
327 — La Source, d'après Ingres. (Miniature.)

Batut (Marthe), 6, rue de l'Église, à Igny (Seine-et-Oise).

328 — Un coffret ciselé. — Ceinture droite ciselée. — Une autre en forme repoussée. — Un Missel. — Un porte-feuille (lézard). — Un porte-cartes et porte-monnaie. (Cuirs d'Art.)

Beaucerf (Blanche), 26, rue des Réservoirs, Versailles. [V. 2e méd. et rappel.] (S^{re}.)

329 — Reines Marguerites. (Pastel.)

Bernard (Marie), 6, boulevard Central, Le Chesnay, Versailles.

330 — Violettes et Roses.
331 — Grenades. (Aquarelles.)

Besnard (Lucie), 1, avenue de Villeneuve-l'Étang, Versailles.

332 — Château de Chillon. (Aquarelle.)

Billotet (Marie-Louise), 78, rue Claude-Bernard, Paris.

333 — Deux Miniatures sur ivoire.

Blain (Marthe), 17, rue d'Ourches, Saint-Germain-en-Laye (S.-et-O.).

334 — Coupes : la fileuse.— En usez-vous ? — Cendrier : Amour voltigeant sur les eaux (d'après Bouguereau). — Broches : Les Cyclamens et Verta bleues. (Emaux.)
335 — Fleurs de pommier. — L'Italien. — Étude de rousse. (Miniatures.)

Brisgand (Gustave), 74, rue de la Victoire, Paris. [V. 3ᵉ méd. et 2 rappels.]

336 — Sous-bois. (Aquarelle.)

Bucquet (Antoinette), 12, rue Paul-Baudry, Paris. [V. 3ᵉ méd.]

337 — La femme dans l'Art. (Reliure teintée et pyrogravée.)

Bruyerre (Jeanne), 107, rue de l'Université, Paris.

338 — Portrait, étude. (Pastel.)
339 — Lys, pyrèthres et pensées. (Aquarelle.)

Cabarrus (Jenika), 73, avenue de Villiers, Paris. [V. 1re méd.]

340 — Sapins (forêt de Fontainebleau).
341 — La gorge aux loups, forêt de Fontainebleau. (Aquarellee.)

Cablet-Rinn (Ernestine), 22, rue des Fossés-Saint-Jacques, Paris.

342 — Roses. (Aquarelle.)

Cahen (Rosine), 73, boulevard de Clichy, Paris.

343 — Une rue de Marsanne, Drôme. (Aquarelle.)

Castro (Paul de), 33, rue Bayen, Paris.

344 — Femme à la tasse de thé (dessin rehaussé). (Voir peinture.)

Cesbron (Achille), 13, rue Jacquemont, Paris. [P. H. C. ✻. — V. Prix du Ministre.]

344 *bis* — Enfants de glaneuses. (Pastel.)

Chatrousse (Mme Luisa), 117, boulevard Saint-Germain, Paris. [P. M. H.]

345 — Rosita. (Pastel.)

Chavagnat (Antoinette), 11, rue Chanzy, Nanterre (Seine). [V. Diplôme d'hon.]

346 — Lilas.
347 — Anémones. (Aquarelles.)

Chollet (Simone), 29, rue de la Bourse, Lyon.

348 — Œillets. (Aquarelle.)

Colle (Léonce), 8, rue Berlin-Poirée, Paris.

349 — Marée basse à Quiberville. (Aquarelle.)

Collineau (Marie), 44, rue Perronet, à Neuilly-sur-Seine. [V. M. H.]

350 — Les lilas.
351 — Portrait de Mlle Marguerite C. (Pastels.)

Cordier (Geneviève), 59, rue Boissière, Paris.

352 — Jeune fille à la violette.
353 — Ombre et lumière. (Miniatures.)

Cornet (Charles), 16, rue d'Assas, Paris. (S^{re}.)

354 — La grève des petits ports au Minihic (Ille-et-Vilaine). (Aquarelle.)

Cornillot (Jean), 28, rue Jean-Bullant, à Ecouen (Seine-et-Oise).

355 — Gardeuse de moutons, gravure d'après Vayson.

Crotty (Auguste), 86, boulevard des Batignolles, Paris. [P. 3ᵉ méd. — V. M. H.]

356 — Portrait de M. Douvier, rédacteur au *Petit Parisien*. (Pastel.) (Voir peinture.)

Darien (Henry), 113, boulevard Saint-Michel, Paris. [P. H. C. — V. méd. de vermeil.]

359 — Un loup de mer. (Pastel.) (Voir peinture.)

D'Eaubonne (Lucien), 2, Grande-Rue, Chaville (Seine-et-Oise).

360 — Portrait (Pastel.) (Voir peinture.)

Déplanté (Mᵐᵉ Berthe), 41, rue de Neuilly, à Clichy (Seine). [V. 3ᵉ méd.]

361 — Dessins.

Diard (Madeleine), 42, rue Nationale, Rambouillet. (Sʳᵉ.)

362 — Nature morte, d'après Chardin. (Musée du Louvre.) (Pastel.)

Doineau (Marie), 92, rue Laugier, Paris.

363 — Môme de la Butte. (Pastel.)

Domergue (Jeanne), 33, route de Châtillon, Grand-Montrouge (Seine).

364 — Paysage. (Pyrogravure.)

Dorbec-Charvot (Henriette), 51, rue Maubeuge, Paris. (S^{re}.)

365 — Etude.
366 — Etude. (Miniatures.)

Eliot (Maurice), 21, boulevard de Clichy, Paris. [P. H. C. — V. méd. vermeil. Rappel.]

367 — La Rivière.
368 — Les Meules. (Pastels.)

Everard (Blanche), 9, rue de Chabrol, Paris. (S^{re}.)

369 — Coffret pyrogravé.
370 — Plateau pyrogravé.

Faux-Froidure (Mme Eugénie), 4, villa Niel, à Paris. [P. M. H. — V. 3e méd.]

371 — Fruits.
372 — Pivoines, mimosas, éventail. (Aquarelles.)

Fauconnier (Mlle Berthe), 47, rue Duplessis.
à Versailles.

373 — 3 miniatures sur ivoire rehaussées de metaux précieux et pierres précieuses dont 2 formant petits panneaux décoratifs.
374 — Vitrine contenant 3 miniatures : une Soubrette, une Etude (profil de vieillard). Portrait de M. X. (Miniatures.)

Forez (Rachel du), 42, rue de Bruxelles, Paris.

375 — Marguerites blanches. (M'aime-t-il?) (Aquarelle.)

Forges (Joseph), avenue du Maine, Paris.
[V. H. C.]

376 — Marée basse, port d'Auray.
377 — Une Rue St-Goustan à Auray. (Aquarelles.)

François dit Fontenay (Christian), rue des Marais, à Viroflay (S.-et-O.). [P. M. H.]

378 — Saint Ambroise refusant l'entrée de l'Eglise à l'Empereur Théodose. (Gravure sur bois, d'après Van Dyck.)

Gambey (Mlle Annette), 10, avenue Casimir, à Asnières (Seine).

379 — Nature morte.
380 — Fleurs d'Automne. (Aquarelles.)

Garnier (M{ᴵˡᵉ} Emilie), 3, boulevard Sébastopol, Paris.

381 — Temps heureux, d'après Delti.
382 — Ecolier, d'après nature (Miniatures.)

Garnier (M{ᵐᵉ} Marie), 44, avenue du Maine, à Paris.

383 — Dame anglaise et sa fille, d'après Gainsborough.
— Livia Simonetta. — Princesse de Soubise.
— Paysage (Le soir sur la Sédelle à Croyant).
— Ruines de Croyant. — Portrait. (Miniatures.)

George-Grimblot (M{ᵐᵉ} Elise), 7, rue du Dôme, Paris.

389 — A la lampe.
390 — Etude. (Aquarelles.)

Gérard (Louise), 31, rue de Coulmiers, Paris.

391 — Portrait de Charles I{ᵉʳ} d'Angleterre (d'après Van Dyck).
392 — La Vérité (d'après Baudry). (Miniatures.)
393 — La Becquée (d'après Robaudi). (Lithographie.)

Germain (Marcellin), 7, rue Hoche, à Versailles.

394 — Le repos de mon concierge. (Aquarelle.)

Giraudeau (Hélène), 25, boulevard de Courcelles, à Paris.

395 — Mousquetaire. (Aquarelle.)

Girardier (Jeanne), 26, rue Cardinet, à Paris. [V. 2e méd.] (S^{re}.)

396 — L'Empereur et l'Impératrice de Russie. — Mme Récamier, d'après David. — La Joconde d'après Léonard de Vinci. (Miniatures.)

Grimaud (Manuelita), 29, rue Greuze, Paris-Passy. [V. 3e méd.]

397 — Amours. — Phrosine et Mélidore. — Retour de la montagne. — Tête de vieillard. — Sujet napolitain. (Miniatures.)

Gruyer (Gabriel), 61, rue Nollet, Paris.

398 — Branches de Marronniers. (Aquarelle.)

Guigné (Alexis), 42, rue du Viaduc (Le Perreux (Seine). [V. M. H.]

399 — Brouillard à Saint-Gratien. — Hiver à Bry-sur-Marne.
400 — Etang du Seu (Morman). — Hêtres (Coteau de Bry-sur-Marne. (Aquarelles.)

Heim-Nefftzer (Marie). 1, rue Sainte-Victoire, à Versailles. (S^{ro}.)

401 — Portrait de Mlle M. C.
402 — Jeune Mauresque. (Pastels.)

Henry (Victor), 30, faubourg Saint-Honoré, à Paris. [V. 2e méd. et 2 rappels.]

403 — Les bords du Salon à Dampierre (Haute-Saône).
404 — Les bords de la Juine à Nerville (Seine-et-Oise). (Aquarelles.)

Hepp (Pierre), 50, rue Duplessis, à Versailles.

405 — Le petit Prince. (Sanguine.)

Hista (Louis), 18, rue de Chabrol, à Paris.

406 — Versailles et Trianon. (Aquarelle.) (Voir Peinture.)

Jacquelin (Jules-Gaston), à St-Michel-sur-Charente.

407 — Le port sud Fouras. (Aquarelle.) (Voir peinture.)

Johnson (Louise), 43, rue de Douai, Paris, chez M. Gadin.

408 — Un vieux Jardin (Etats-Unis). (Aquarelle.)

Joseph (Mme Lucy), 64, rue Lafayette, Paris.

409 — Près du Moulin de Senlis (Seine-et-Oise).
410 — Bord de Rivière (Seine-et-Oise) (Aquarelle.)

Jullien (Mlle Cécile), 61, avenue Daumesnil, Paris. [V. M. H.]

411 — Lecture profane et lecture sacrée.
412 — Lithographie originale. (Voir peinture.)

Koechlin (Daniel), 8 bis, chaussée de la Muette, Passy-Paris. [V. Diplôme d'hon.] (S^re.)

413 — Plage de Scheweningen, effet de lune (Hollande). (Pastel.)

Labadie-Lagrave (Berthe), 8, avenue Montaigne, Paris. (S^re.)

414 — « Pensierosa ». (Pastel.)

Labarthe (Germaine), 24, avenue Henri-Martin, Paris.

415 — Panneau de chrysanthèmes.
416 — Ecran. (Aquarelles.)

Lamy (Aline), 102, rue de Maubeuge, Paris. [V. 3e méd. et rappel.] (S^re.)

417 — Dahlias-Cactus. (Pastel.)

Laugée (Georges), 20, boulevard Flandrin, Paris. [P. H. C. — V. Diplôme d'hon.]

418 — Pêche d'automne à Berck-sur-Mer. (Gouache.) (Voir peinture.)

Lebourdais (Jeanne), 21, rue Neuve, Versailles.

419 — Buvard. (Cuir ciselé.)

Lecocq (Henriette), 6, rue Thénard, Paris. [P. M. H. — V. M. H.]

420 — Portique de Marc-Aurèle. (Eau-forte d'après Hubert Robert, musée du Louvre.)

Ledoux (Blanche), 135, boulevard Magenta, Paris. (S^{re}.)

421 — Bourriche de pensées. (Aquarelle.)

Leray (Auguste), 13, rue Méchain. [P. 3e méd. — V. Diplôme d'hon.]

422 — Marie-Antoinette, d'après Vigée Le Brun, musée de Versailles. (Gravure.)

Leteurtre (Emile), 8, rue Furstemberg, Paris. [V. 2e méd. et rappels.]

423 — Le Boulevard des Invalides.
424 — Environs de l'Isle-Adam. (Aquarelle.)

Lieure (Jules), 73, avenue de Saint-Cloud, Versailles.

425 — Portrait de M. de Nolhac.
426 — Portrait de Mme Lieure. (Eau-forte.)

Loghadès (Mme Léonie de), 137, boulevard Haussmann, Paris. [P. M. H. — V. H. C.] (S^{re}.)

427 — Harengs saurs. (Pastel.)

Louppe (Lucie), 17, rue de la Rochefoucauld, Paris. [V. 2e méd. et 2 rappels.]

428 — Delphiniums et œillets. (Aquarelle.)

Louvet (Marie-Marguerite), 10, rue du Dragon, Paris. [V. 3e méd. et rappel.]

429 — Tulipes Perroquet. (Aquarelle.)

Malfilâtre (Mme Lucy), 22, rue de Staël, Paris. [V. 3e méd. et rappel.]

430 — Le Soir. (Aquarelle.) (Voir peinture.)

Mangin (Marcel), 102, rue Erlanger, Paris. [P. M. H. — V. 2e méd.]

431 — Bohémienne. (Pastel.) (Voir peinture.)

Mangeant (Emile), 104, avenue de Paris, à Versailles. [P. M. H., 1882, 1889, 1900. — V. H C.] (S^re.)

432 — Le temple de l'amour.
433 — Vitrine de bijoux argent patiné, nacré, pierres. (Voir peinture.)

Martin (Louise), 5, rue Joséphine, à Saint-Cloud.

434 — Bouquet de roses. (Aquarelle.)

Martinet (Marguerite), boulevard de Strasbourg, à Paris. [V. M. H.]

435 — Rêverie. (Miniature.)

Matrod-Desmurs (Berthe), 46, rue Laffitte, à Paris. [V. 2e méd.]

436 — Songe, mensonge. (Miniature sur ivoire.)

Mechain (Louis), 138, boulevard Raspail, à Paris.

437 — Un affluent de la Charente. (Aquarelle.)

Mignot (Alice), 46, rue Dunkerque, à Paris.

438 — Étude.
439 — Étude. (Miniatures.)

Mignot (Lucie), 46, rue Dunkerque, à Paris.

440 — Étude (femme Louis XV). — Étude. (Miniatures.)

Minoggio (Ysabel), 40, rue Pontoise, à Argenteuil.

441 — Fleurs.
442 — Éventail. (Aquarelles.)

Monge (Jules), 19, rue Poncelet, à Paris.
[P. M. H. — V. 1re méd. et rappel.]

443 — Clergé, magistrature, armée (perplexité). (Aquarelle.) (Voir peinture.)

Munier (Jules), avenue de Saint-Cucufa (Villa Le Roselier), Vaucresson. (S^{re}.)

445 — Vieux puits. (Aquarelle.)

Neuville (Berthe de), 16, rue François Ier, à Paris.

446 — Crépuscule d'hiver.
447 — Les bouleaux. (Aquarelles.)

Nozal (Alexandre), 7, quai de Passy, Paris.
[P. H. C. ✳. — V. Dipl. d'H.]

448 — Le Petit Val près d'Étretat fin de journée. (Pastel.) (Voir peinture.)

Odin (Blanche), 34, rue N.-D.-des-Champs, Paris.

449 — Pensées.
450 — Anémones et vieux papiers. (Aquarelles.)

Paget (Aline), 43, rue Molière, à Montreuil-sous-Bois. [V. M. H.] (S^{re}.)

451 — Minilles (Eure). (Aquarelle.)

Palade-Bonnal (Félicie), 10, rue Saint-Antoine, à Paris.

452 — « Fait le vieux et le neuf ». (Pastel.) (Voir peinture.)

Pallandre-Gambon (Mme Jeanne), 5 *bis*, rue Sainte-Sophie, à Versailles. [V. 3e méd. et rappel]. (S^{re}.)

453 — Portrait de Mlle M. de B. — Étude. (Miniatures.)

Pallandre (Albert), 5 *bis*, rue Sainte-Sophie, à Versailles. [V. 2e méd.] (S^{re}.)

454 — Giroflées blanches. (Aquarelle.)

Pallandre (Lucien), 43, rue d'Angiviller, à Versailles. [V. 2e méd.] (S^{re}.)

455 — Effet de matin. (Aquarelle.) (Voir peinture.)

Pallandre (Mme Lucien Georgina), 43, rue d'Angiviller, à Versailles.

456 — Portrait de Maurice L...
457 — Portrait de Mlle R..., appartient à Mlle R... (Miniatures.)

Pelletier (Pierre-Jacques), 91, rue Caulaincourt, Paris.

458 — La Bièvre à Gentilly.
459 — Village de Moncourt (Vosges.) (Pastels.)

Pierrier (Joseph de), 39, rue des Bourdonnais, à Versailles. [V. 3e méd.]

460 — Pont Saint-Étienne à Limoges.
461 — Pont-Martial à Limoges. (Aquarelles.)

Pitel-Guitel (Flore), 12, rue Greuze, Paris.

462 — Roses dans un vase de verre.
463 — Chrysanthèmes et figues. (Aquarelles.)

Ponsin (Camille), 53, rue Duplessis, à Versailles. [V. M. H.] (S^re.)

464 — Intérieur. (Aquarelle.)
465 — Les deux amis. (Sanguine.)

Ponsard (Andhrée), 96, rue de Paris, à Vincennes (Seine).

466 — Chrysanthèmes. (Aquarelle.)

Popelin (Magdeleine), 5, rue Meslay, Paris. (S^{re}.)

467 — Le petit chemin au bord de l'eau.
468 — Effet de brune. (Aquarelles.)

Poseler (Paul-Louis), 90. rue du Faubourg-Saint-Martin, Paris. [P. M. H. méd. d'argent (E. U.). — V. 1re méd.]

469 — Les Cloutiers. (Eau-forte originale.)

Pougeois (Hélène), 9, rue Colbert, à Versailles.

470 — Portrait de Mlle L. (Pastel.)

Renoux (Hippolyte), à Vaugrigneuse par Briis-sous-Forges (Seine-et-Oise). (S^{re}.)

471 — Le Mendiant. (Enluminure.)

Riva-Munôz (Mme Maria-Louisa de la), 233, faubourg Saint-Honoré, Paris. [P. 3e méd.]

472 — Œillet.
473 — Roses de Noël. (Pastels.)

Rivoire (François), 19 *bis*, rue Fontaine, à Paris. [P. H. C.]

474 — Fleurs d'automne. (Aquarelle.)
475 — Anémones. (Pastel.)

Robert (Joseph), 27, rue Borgnis-Desbordes, à Versailles.

476 — Portrait de mon père après décès.
477 — Portrait d'adolescent. (Médaillons sculpture.)

Roby (Mme Emma), 20, rue des Fontaines, à Thorigny (Seine-et-Marne). (S^{re}.)

478 — Portrait de jeune fille. — Troupeau sous Carnetin (Seine-et-Marne). — Jeune femme sous l'Empire. — Mme de Montesson (broche). — Femme au Turban. — La laitière. — Femme au chapeau. (Miniatures).

Roblin (Mme Marie), 4, rue Treilhard, à Paris.

479 — Portrait de M. R. (Miniature.)

Rousseau (Augusta), 46, boulevard Beaumarchais, à Paris.

481 — L'Annonciation d'après Sandro Botticelli, (Émail.)

Roussin (Georges), 235, faubourg St-Honoré, Paris. [P. M. H. — 2 premières médailles.]

82 — Jeune violoniste. (Voir peinture.)

Roux (Paul), 14, rue du Rocher, Paris. [V. 3ᵉ méd.]

483 — Nangloire-l'Yonne à Basson. — Villers-sur-Mer Marcilly. (Aquarelles.)

Roy (Donatien), Le Bois Madame, par d'Avessac (Loire-Inférieure).

484 — L'Autel de la Vierge. (Aquarelle.)

Ruff (Henriette), 6, rue Bosio, à Paris.

485 — La Fileuse. — Le Printemps. (Miniatures.)

Sarlit (Gaston), 21, rue des Tournelles, Versailles. [V. M. H.]

486 — Paravent. (Art décoratif.) (Aquarelle.)

Sayvé (Abel), 9, rue de Noailles, à Versailles. [V. 3ᵉ méd.] (Sʳᵉ.)

487 — Amandiers en fleurs à Beaulieu-sur-Mer.
488 — Allée de palmiers à Beaulieu-sur-Mer.

Sédillot (Anna), 4, rue Martel, à Paris. [P. M. H.]

489 — Fanchon (Sanguine.) (Voir peinture.)

Serval (Maurice), 3, rue Daumier, à Paris.
[V. 3ᵉ méd.] (Sʳᵉ.)

490 — La Seine au Point du Jour.
491 — La Seine au pont de Grenelle. (Pastels.)

Sirot (Mᵐᵉ Marie), 31, rue du Moulin-Vert, à Paris.

492 — Portrait de M. C*** (Miniature.)

Sonrel (Mᵐᵉ Elisabeth), 136, rue Houdan, à Sceaux (Seine). [P. 3º méd.]

493 — Les quatre Saisons. (Aquarelle.) (Voir peinture.)

Talagrand (Jean-Louis), 79, boulevard Montparnasse, Paris. [P. M. H.] (Sʳᵉ.)

494 — Les Ruines du théâtre antique à Arles. (Aquarelle.)

Tchoumakoff (Théodore), 137, boulevard Haussmann, à Paris. [V. M. H.] (Sʳᵉ.)

495 — Tête de jeune femme au xvIIIᵉ siècle. (Dessin rehaussé.)

Thakara (Elisabeth), 5, rue de la Croix, à Sainte-Adresse (Seine-Inférieure).

496. — Juif faisant sa prière.
497. — Général Sherman. (Miniatures.)

Thévenot (Eva), 46, rue de Rome, à Paris. [V. M. H.]

498 — Roses jaunes et spirées. (Aquarelle.)

Tirard (Anna), 15, rue Hégésippe-Moreau, Villa des Arts, à Paris. [P. M. H.]

499 — Meissonnier. (Émail de Limoges.)
500 — Gibier. (Pastel.)

Toussaint (Maurice), 7, avenue de la Grande-Armée, Paris.

501 — Le Maréchal Berthier et ses aides de camp (Espagne, 1er Empire). (Aquarelle.)

Tué (Suzanne), 38, rue Notre-Dame-de-Lorette, à Paris.

502 — Paravent à 4 feuilles fleurs. (Aquarelle.)

Turlin (Henri), 57, avenue de Balzac, à Ville-d'Avray. [V. 2e méd.]

503 — La Moisson. (Eau-forte originale.) (Voir peinture.)

Vaucheret (Cécile), 18, rue des Moines, à Paris.

504 — Un Christ. (Miniature.)

Vauvel (Mlle Albert), route d'Evreux, Saint-André (Eure).

504 *bis* — Chrysanthèmes. (Céramique.)

Wagner (Marthe), 15, boulevard de la Reine, à Versailles.

505 — Paysage.
506 — Paysage. (Aquarelles.)

Weismann (Jacques), 23, boulevard Gouvion-Saint-Cyr, Paris.

507 — La Femme au coffret.
508 — Nature morte. (Pastels.)

Woodward (Dewinc), 43, rue de Douai, chez M. C. Gaudin, à Paris.

509 — Leçon de danse. (Aquarelle sur ivoire.) (Voir peinture.)

Ziegler (Gabrielle), 4, rue Pasquier, Paris.
[V. M. H.]

510 — Au pays breton. (Aquarelle.)

Zuber (Henri), 59, rue de Vaugirard, Paris.
[P. H. C. ✳.]

511 — Jour de Novembre. (Parc de Versailles.)
512 — Près du Bassin de Neptune. (Parc de Versailles.) (Aquarelles.)

SCULPTURES ET OBJETS D'ART DÉCORATIFS

Alègre (Maurice), au Palais de Versailles. [V. M. H.] (S^re.)

513 — Portrait de mon fils. (Buste plâtre.)

Aurili (Richard), 2, rue d'Arcueil, Paris.

514 — Gaulois. (Sculpture.)

Baubien (Léon-Denis), 81, boulevard Richard-Lenoir, Paris.

515 — Plat, cerises, émail et bronze doré. (Sculpture.)

Belloc (Jean-Baptiste), 22, rue Denfert-Rochereau, Paris. [P. 3ᵉ méd.]

516 — Simonetta, médaillon bronze.
517 — Danseuse, bas-relief bronze.

Bertrand (René), 48, avenue Villeneuve-l'Etang, Versailles. [V. 3ᵉ méd.]

518 — Surtout de table (étain). (Appartient à l'Art moderne.) (Objet d'art.)

Choppin (Paul), 68, rue d'Assas, Paris. [P. 3ᵉ méd.]

519 — Amour innocent. (Buste terre cuite teintée.)

Debut (Marcel), 16, rue Lafontaine, Hameau Béranger, Paris. [P. M. H. — [V. 3ᵉ méd.]

520 — Hoche, statuette équestre. (Bronze.)
521 — Un gueux parisien, pochade. (Plâtre.)

Delbecque (Jeanne), 24, rue Duret, Paris. (Sʳᵉ.)

522 — Portrait de Mˡˡᵉ R***. (Sculpture.)

Delpech (Jean), avenue de Saint-Ouen, Paris. [P. méd. de 3ᵉ et 2ᵉ classe. — V. Diplôme d'hon.]

523 — Portrait de M. M. de L***. (Médaillon, plâtre teinté)
524 — Bas-relief, Daphnis et Chloé. (Bronze.)

Duvelle (Paul), 36, rue de l'Orangerie, Versailles.

525 — Buste de M. François Quentin. (Sculpture.)

Gallaud (Marie), 136 *bis*, avenue de Neuilly (Seine).

526 — Aïeule bretonne. (Plâtre pétrifié.) (Sculpture.)

Janson (Rêné), 15, rue Hoche, Versailles. (S^re.)

527 — Vase vieux style. (Céramique.)

Guilloux (Georges), 20, rue de l'Orangerie, Versailles.

528 — Buste d'Henri IV enfant, d'après Germaine Pilon. (Marbre.)

Granger (Geneviève), 37, rue Denfert-Rochereau, Paris.

529 — Un cadre contenant des médailles.

Hennequin (Gustave), 93, boulevard Gouvion-St-Cyr, Paris. [V. 3ᵉ méd.]

530 — Deux cariatides. Hôtel de Ville de Versailles. (Sculpture.)

Lemaire (Georges), 22, rue Tourlaque, Paris. [P. ✻. — V. Diplôme d'hon.] (S^re.)

531 — Modèle face et revers de la médaille de Chine, 1900-1901, appartient au Ministère de la guerre. (Sculpture.)

Martin (Henri), 5, rue Joséphine, à St-Cloud.

532 — Portrait de Mme André R***.
533 — Mlle Nini C***. (Sculpture.)

Môny (Adolphe), 70, rue Spontini, à Paris.
[P. M. H. — V. M. H.]

533 *bis* — Jeune Bourbonnais en Costume national. (Médaillon marbre.)

Pêche (Alexandre), 14, avenue du Maine, à Paris.

534 — Plateau étain (Le Nid). — Plateau triangle (tête moderne). — Plat rond (La Nuit). — Plateau Iris (offert pour la tombola). — Loïe Fuller (statuette). — Plateau Nénuphar (fleurs). — Porte bagues, tête moderne.— Lampe moderne. Plumier (Nuit étoilée) (appartient à Mme L. B***). (Objets d'art.)

Quingnaud (Mme Thérèse), 6, rue des Ecoles, à Arcueil (Seine). [M. H. Exp. U.1900.] (S^{re}.)

535 — Martin-Nadaud.
536 — Le Bébé. (Statuettes bronze cire perdues.)

Rouillier (Henri), 26, rue Théry, à Paris.

536 *bis* — Femme Kabile et dromadaire. (Bronze.)

Schweitzer (Gaston), au 11ᵉ d'artillerie à Versailles.

537 — Femme assise sur une chaise. (Statuette plâtre.)
538 — Cinq médaillons plâtre. (Sculpture.)

Wallis (Katherine), 65, rue du Moulin-Vert, à Paris. [P. M. H. Exp. U. de 1900.]

539 — Chien basset. (Terre cuite.) (Sculpture.)

Waldmann (Oscar), 80, avenue du Maine, à Paris. [P. M. H. Exp. U. de 1900, médaille d'argent.]

540 — Lion et Sanglier. (Groupe terre cuite.)
541 — Lion en captivité. Pierre. (Sculpture.)

PHOTOGRAPHIE.

Société Versaillaise de Photographie.

Baillou (E.), 51, rue d'Angiviller, Versailles.

1 — Cloître, à St-Leu d'Esserent.
2 — Bord du Therain (Oise).

Barbichon (Auguste), 19, rue St-Pierre, Versailles.

3 — Portrait de M. L., Maire de Versailles.
4 — Temps de neige.
5 — Temps de givre.
6 — Étude.

Bergon (Paul), 40, boulevard Haussmann, Paris.

7 — Incantation.
8 — Dans les pins de Ravenne.

Binder (Mestro).

9 — Contre-jour en plein air.

Bucquet (Maurice), 12, rue Paul Baudry, Paris (S^{re}.)

11 — Remorqueur.
10 — Le vieux pont.
12 — Étude.
13 — Profil.

Bucquet (Mlle A.).

14 — Crépuscule.

Coste (F.).

15 — Étude d'arbres.

Da Cunha.

16 — Normandie.

Demachy (R.), 13, rue François Ier, Paris.

17 — Orgueil.
18 — Étude de tête.
19 — Étude de plein air.
20 — Motif japonais.
21 — Mousseline.
22 — Étude d'Éclairage.
23 — L'épingle.
24 — Chardons.

Dardonville (L.).

25 — La passerelle.

Jessé-Curély (R.), 20, rue de Provence, Versailles.

26 — L'âne récalcitrant.
27 — Contre-jour, Plombières.
28 — Les bords de la Sauldre, Sologne.
29 — Etude de Saules.

Langlois, 15, rue Hoche, Versailles.

30 — Lac Majeur.
31 — Portefaix à Tunis.

Ledard (R.).

32 — Étude.
33 — Contre-jour.

Le Roux (P.), 48, boulevard Malesherbes, Paris.

34 — Moisson.

Mathieu (E.).

35 — Le café en grand'halte.

Meunier, 19, rue des Réservoirs, Versailles.

36 — Moret sur Loing.

De Montgermont.

37 — L'entrée du village en décembre.
38 — Le sentier.

Ottenheim (L.), 73, rue Duplessis, Versailles.

39 — Novembre à Londres, Westminster.
40 — La pluie cesse.
41 — Jetée de Dieppe.
42 — Le Passeur.
43 — Bûcheron.
44 — Bûcheron.

Petit (Ch.), 30, avenue de Messine, Paris.

45 — Bords d'étang.
46 — Les lavandières.

Naudot (P.), rue Washington, Paris.

47 — Brume du matin.

Puyo (C.), 5, avenue Dupuis, La Fère.

48 — Elle passe (prix 60 francs).
49 — Fleurs d'avril.
50 — Panneau décoratif.
51 — Coin de loge.
52 — Étude.
53 — Au foyer.

Richaud.

54 — Pardon en Bretagne.
55 — Étude de Vagues.
56 — Étude de Vagues.
57 — Sardinières à Concarneau.

Roy (G.).

58 — Coucher du soleil en mer.

Tollu (C.).

59 — Course d'enfants.
60 — Raccommodeurs de filets.
61 — Sortie du troupeau.
62 — Étang de Montlieu.

Toutain (A.).

63 — Sous les marches de l'église.

Tyszkiewiez (comte B.).

64 — Paysage de Sologne en hiver.
65 — Reitres.
66 — Paysan japonais.

Vacossin.

67 — Sur la falaise.

VERSAILLES. — IMP. CERF, 59, RUE DUPLESSIS ET 2, RUE ST-PIERRE.

IMPRIMERIE, PAPETERIE
H. FÉLIX
Louis LUCE, Sucr

Impressions Commerciales

Billets de faire part, etc.

FOURNITURES DE BUREAU

1, Avenue de Sceaux, 1

Bureau de Commande : 10, Rue Saint-Pierre

VERSAILLES

IMPRIMERIES CERF

59, rue Duplessis TÉLÉPHONE

ET

2, rue St-Pierre (Office de Versailles) TÉLÉPHONE

VERSAILLES

A PARIS : LIBRAIRIE CERF

12, RUE SAINTE-ANNE (Téléphone 239-89)

Exposition Universelle   Exposition Universelle

Paris 1900   Paris 1900

Maison Fondée en 1800

LUCE-LADURÉE

Arsène ROCHETTE S^R

1 & 3, Rue Saint-Pierre, 1 & 3

Passe-Partout en tous genres

CADRES DE TOUS STYLES

ENCADREMENTS ARTISTIQUES

Miniature

Réparation et Rentoilage de Tableaux

MIROITERIE - GLACES

www.ingramcontent.com/pod-product-compliance
Lightning Source LLC
LaVergne TN
LVHW050649090426
835512LV00007B/1120